Novena milagrosa a
São Bento

Série Novenas

Novena milagrosa a São Bento

Dia da festa: 11 de julho

EDITORA AVE-MARIA

© 2015 by Editora Ave-Maria. All rights reserved.
Rua Martim Francisco, 636 – 01226-002 – São Paulo, SP – Brasil
Tel.: (11) 3823-1060 • Televendas: 0800 7730 456
editorial@avemaria.com.br • comercial@avemaria.com.br
www.avemaria.com.br

ISBN: 978-85-276-1566-2

Printed in Brazil – Impresso no Brasil

4ª reimpressão – 2021

Dados Internacionais de Catalogação na Publicação (CIP)
Angélica Ilacqua CRB-8/7057

Novena milagrosa a São Bento / Equipe Editorial Ave-Maria.
São Paulo: Editora Ave-Maria, 2015. 32 p.

ISBN: 978-85-276-1566-2

1. Novenas 2. Bento, Santo, 480-547 - Livros de oração e devoções.   I. Equipe Editorial Ave-Maria

15-0617	CDD 242.76

Índice para catálogo sistemático:
1. Novenas   242.76

Diretor-presidente: Luís Erlin Gomes Gordo, CMF
Diretor Administrativo: Rodrigo Godoi Fiorini, CMF
Gerente Editorial: Áliston Henrique Monte
Editor Assistente: Isaias Silva Pinto
Preparação e Revisão: Ligia Pezzuto e Danielle Sales
Diagramação: Carlos Eduardo P. de Sousa
Impressão e Acabamento: Gráfica Cipola

CLARET
PUBLISHING GROUP

A Editora Ave-Maria faz parte do Grupo de Editores Claretianos (Claret Publishing Group).
Bangalore • Barcelona • Buenos Aires • Chennai • Colombo • Dar es Salaam • Lagos • Macau • Madri • Manila • Owerri • São Paulo • Varsóvia • Yaoundé.

Quem é São Bento?

São Bento nasceu por volta de 470 em Núrsia (Itália), de uma família rica, que pôde enviá-lo para a capital a fim de se aperfeiçoar nos estudos. Mas o encanto por Roma durou bem pouco, por causa das lutas internas entre os romanos e o rei, que mandava matar os personagens mais conceituados da cidade.

Retirou-se então para uma gruta entre os bosques do Subiaco, conhecida hoje como Gruta Sagrada. Um monge, de nome Romano, descobriu sua presença e suas santas intenções, visitava-o regularmente, dando-lhe com os bons conselhos também um pouco de alimento.

Para Bento, foram três anos de meditação e de oração profunda. Teve momentos de tentações fortes, seja de voltar ao mundo, seja de que não conseguiria viver na castidade como sinal de sua total entrega a Deus. Conseguiu superá-las implorando a ajuda do alto com oração incessante e duras penitências. Mesmo tendo Romano mantido segredo sobre seu esconderijo, foi descoberto pelos pastores do local e acabou a paz em sua caverna, pois muitos acorriam a ele para pedir conselhos.

Naquele período, vieram de Roma dois rapazes de famílias nobres, Mauro e Plácido, que se tornaram colaboradores valiosos. Entre 525 e 529, foram para Monte Cassino, onde construíram um mosteiro.

As transformações que aconteceram por obra de Bento foram verdadeiramente milagrosas. Ao redor das primeiras construções sobre as ruínas dos antigos templos pagãos, desenvolveu-se rapidamente aquele modelo de abadia que, multiplicando-se por toda a Europa, deu a esta uma alma cristã.

A obra-prima de São Bento foi a *Regra dos monges*, que reflete bem o seu verdadeiro espírito. Essa regra não foi escrita para ascetas à busca de heroísmos excepcionais, mas para todos aqueles que querem seguir fielmente a extraordinária aventura do Evangelho na normalidade do dia a dia. Por isso seus monges vivem em comunhão fraterna não só durante as celebrações litúrgicas no coro, mas também no trabalho e no refeitório. Observam o silêncio nos lugares e tempos estabelecidos, mas também conversam e se instruem mutuamente.

Sua Regra, que resume a tradição monástica oriental, adaptada com sabedoria e prudência ao mundo latino, abre novo caminho à civilização europeia, após o declínio da civilização romana.

Nesta nova escola de serviço do Senhor, tem parte determinante a leitura meditada da Palavra de Deus e o louvor litúrgico, alternados com os ritmos do trabalho, em clima intenso de caridade fraterna e de serviço recíproco. Os monges são homens livres submetidos à "escola do serviço divino", sob a direção sábia e paterna do abade que deve ter por sua parte uma longa e profunda experiência das coisas divinas e humanas.

No mosteiro, o tempo é sabiamente dividido entre a oração e o trabalho. Os sucessores de Bento cunharam a expressão que se tornou famosa: *ora et labora* (ora e trabalha). Para o monge, o livro do estudioso, a forja do ferreiro e a enxada para o agricultor são instrumentos sagrados para o serviço divino. Os monges tornaram-se os mestres de todas as artes e profissões, para si e para o povo.

O abade era o guardião da vida cristã, cuidando de cada monge, sobretudo daqueles mais jovens que eram apresentados pelos pais na esperança de futuramente se tornarem monges. Uma instituição como aquela nos causa hoje admiração e naquele tempo era considerada como providencial. Que melhor oportunidade haveria para um jovem que ser levado para um lugar assim, tão socialmente adiantado, e espiritualmente tão elevado? No futuro, ele poderia escolher entre permanecer no mosteiro ou voltar para o mundo. Mesmo nesta segunda hipótese, ele teria adquirido uma formação humana invejável em relação a seus conterrâneos.

A lei fundamental que devia reinar soberana entre os monges era a caridade fraterna, como se lê nos capítulos da regra que tratam do ofício do abade e do relacionamento entre os monges.

A raiz dessa convivência era a oração e a Palavra de Deus. Não só a oração comum feita no coro, mas também a meditação pessoal e a que cada um podia repetir livremente em breves intervalos com simples invocações. A Palavra de Deus, pois, não se limitava à escuta respeitosa, mas era interiorizada para ser encarnada concretamente no comportamento cotidiano normal. Era este o sentido profundo da *Lectio Divina* (leitura orante da Bíblia).

São Bento faleceu em 21 de março de 546, mas por causa da coincidência com a Quaresma, sua memória foi transferida para o dia 11 de julho, dia em que, desde a Idade Média, em alguns lugares, fazia-se particular memória do santo.

Primeiro dia

Tema:
Orar sem cessar

A recomendação de São Paulo – *Orai sem cessar* (1Ts 5,17) – foi assumida por São Bento no dia a dia de sua vida. Orar em todo tempo não quer dizer necessariamente ficar ajoelhado o tempo todo em frente ao altar, mas quer dizer estar em comunhão plena com o Senhor em todo o tempo, não importando se está trabalhando, estudando, descansando ou fazendo qualquer outra atividade, pois todas as atividades são abençoadas quando executadas em estado de oração.

Oração

Ó Deus, que fizestes o abade São Bento notável mestre na escola do vosso serviço, concedei que, nada preferindo ao vosso amor, corramos de coração aberto no caminho dos vossos mandamentos. Nós vos suplicamos, ó Deus, que,

seguindo os ensinamentos desse admirável santo, vos sirvamos fielmente na oração e amemos os irmãos com caridade ardente.

E confiantes na comunhão dos santos, recorremos à formidável intercessão de São Bento para as seguintes intenções... Por Cristo nosso Senhor. Amém.

Rezar, meditando nas palavras

1 pai-nosso;
10 ave-marias;
1 glória ao pai.

Segundo dia

Tema:
Trabalho

Os sucessores de São Bento cunharam a expressão que se tornou famosa: *ora et labora* (ora e trabalha). No primeiro dia de nossa novena, já falamos sobre a oração; hoje destacamos o trabalho como atividade de grande importância em nossa vida, pois por meio dele produzimos bens e serviços úteis à sociedade e ganhamos o nosso pão de cada dia. Que nosso trabalho não seja considerado um peso, mas uma oportunidade de crescimento, para todos nós.

Oração

Ó Deus, que fizestes o abade São Bento notável mestre na escola do vosso serviço, concedei que, nada preferindo ao vosso amor, corramos de coração aberto no caminho dos vossos mandamentos. Nós vos suplicamos, ó Deus, que,

seguindo os ensinamentos desse admirável santo, vos sirvamos fielmente na oração e amemos os irmãos com caridade ardente.

E confiantes na comunhão dos santos, recorremos à formidável intercessão de São Bento para as seguintes intenções... Por Cristo nosso Senhor. Amém.

Rezar, meditando nas palavras

1 pai-nosso;
10 ave-marias;
1 glória ao pai.

Terceiro dia

Tema:
Confiança

São Bento, como qualquer homem, também passou por situações difíceis, mas não desconfiou da bondade e da proteção de Deus em sua vida. Que por sua intercessão possamos ser mais confiantes nos diversos desafios que enfrentamos em nosso dia a dia. Que nossa vida esteja fundamentada na rocha firme da confiança em Deus, que jamais nos decepcionará.

Oração

Ó Deus, que fizestes o abade São Bento notável mestre na escola do vosso serviço, concedei que, nada preferindo ao vosso amor, corramos de coração aberto no caminho dos vossos mandamentos. Nós vos suplicamos, ó Deus, que, seguindo os ensinamentos desse admirável santo, vos sirvamos fielmente na oração e amemos os irmãos com caridade ardente.

E confiantes na comunhão dos santos, recorremos à formidável intercessão de São Bento para as seguintes intenções... Por Cristo nosso Senhor. Amém.

Rezar, meditando nas palavras

1 pai-nosso;
10 ave-marias;
1 glória ao pai.

Quarto dia

Tema:
Perseverança

Sempre temos bons propósitos, mas nem sempre somos perseverantes. Por isso pedimos a intercessão de São Bento, para sermos persistentes naquilo de bom que devemos fazer. Não podemos desistir diante do primeiro fracasso, é necessário recomeçar sempre de novo. O Santo Abade também teve momentos de tentações fortes, seja de voltar ao mundo, seja de que não conseguiria viver seus votos de total entrega a Deus. Foi perseverante, conseguiu superar as tentações, implorando a ajuda do alto com oração incessante.

Oração

Ó Deus, que fizestes o abade São Bento notável mestre na escola do vosso serviço, concedei que, nada preferindo ao vosso amor, corramos de coração aberto no caminho dos vossos mandamentos. Nós vos suplicamos, ó Deus, que, seguindo os ensinamentos desse admirável santo, vos sirvamos fielmente na oração e amemos os irmãos com caridade ardente.

E confiantes na comunhão dos santos, recorremos à formidável intercessão de São Bento para as seguintes intenções... Por Cristo nosso Senhor. Amém.

Rezar, meditando nas palavras

1 pai-nosso;
10 ave-marias;
1 glória ao pai.

Quinto dia

Tema:
Amizade

São Bento ensinava seus irmãos monges a viverem a leitura meditada da Palavra de Deus e o louvor litúrgico, alternados com os ritmos do trabalho, em clima intenso de caridade fraterna e de serviço recíproco. A amizade entre eles era imprescindível, pois tinham o mesmo propósito de servirem ao Senhor de todo o coração, e para isso precisavam contar como o apoio dos irmãos.

Oração

Ó Deus, que fizestes o abade São Bento notável mestre na escola do vosso serviço, concedei que, nada preferindo ao vosso amor, corramos de coração aberto no caminho dos vossos mandamentos. Nós vos suplicamos, ó Deus, que, seguindo os ensinamentos desse admirável santo, vos sirvamos fielmente na oração e amemos os irmãos com caridade ardente.

E confiantes na comunhão dos santos, recorremos à formidável intercessão de São Bento para as seguintes intenções... Por Cristo nosso Senhor. Amém.

Rezar, meditando nas palavras
1 pai-nosso;
10 ave-marias;
1 glória ao pai.

Sexto dia

Tema:
Caridade

A lei fundamental que devia reinar soberana entre os monges era a caridade fraterna, como se lê nos capítulos da regra que tratam do ofício do abade e do relacionamento entre os monges. A raiz dessa convivência era a oração e a Palavra de Deus. Não só a oração comum feita no coro, mas também a meditação pessoal. Que São Bento interceda por nós, para que possamos crescer na caridade e assim testemunhar o amor de Deus em nossa vida.

Oração

Ó Deus, que fizestes o abade São Bento notável mestre na escola do vosso serviço, concedei que, nada preferindo ao vosso amor, corramos de coração aberto no caminho dos vossos mandamentos. Nós vos suplicamos, ó Deus, que,

seguindo os ensinamentos desse admirável santo, vos sirvamos fielmente na oração e amemos os irmãos com caridade ardente.

E confiantes na comunhão dos santos, recorremos à formidável intercessão de São Bento para as seguintes intenções... Por Cristo nosso Senhor. Amém.

Rezar, meditando nas palavras

1 pai-nosso;
10 ave-marias;
1 glória ao pai.

Sétimo dia

Tema:
Vitória

São Bento, em diversas ocasiões, teve de confrontar situações de inveja e ciúme, mas em todas elas foi vitorioso porque sabia que, pelo poder da oração, essas atitudes poderiam ser mudadas. Não podemos desanimar. Temos ainda de lutar para não sermos invejosos e ciumentos, pois esses sentimentos podem nos atingir e nos afastar de pessoas que até então queríamos bem. Que o Senhor nos ajude a sermos vitoriosos.

Oração

Ó Deus, que fizestes o abade São Bento notável mestre na escola do vosso serviço, concedei que, nada preferindo ao vosso amor, corramos de coração aberto no caminho dos vossos mandamentos. Nós vos suplicamos, ó Deus, que, seguindo os ensinamentos desse admirável santo, vos sirvamos fielmente na oração e amemos os irmãos com caridade ardente.

E confiantes na comunhão dos santos, recorremos à formidável intercessão de São Bento para as seguintes intenções... Por Cristo nosso Senhor. Amém.

Rezar, meditando nas palavras

1 pai-nosso;
10 ave-marias;
1 glória ao pai.

Oitavo dia

Tema:
Gratidão

São Bento foi um homem de muita oração. Porém sua oração não se restringia apenas a fazer pedidos, era também momento de agradecer por tudo aquilo que o Senhor concedia a ele e aos seus irmãos. Nós também somos motivados a apresentar nossa gratidão por tudo o que somos e temos: *Em todas as circunstâncias, dai graças, porque esta é a vosso respeito a vontade de Deus em Jesus Cristo* (1Ts 5,18). Que tenhamos um coração agradecido, pois assim certamente seremos mais felizes pelo que somos e com o que temos.

Oração

Ó Deus, que fizestes o abade São Bento notável mestre na escola do vosso serviço, concedei que, nada preferindo ao vosso amor, corramos de coração aberto no caminho dos vossos mandamentos. Nós vos suplicamos, ó Deus, que, seguindo os ensinamentos desse admirável santo, vos sirvamos fielmente na oração e amemos os irmãos com caridade ardente.

E confiantes na comunhão dos santos, recorremos à formidável intercessão de São Bento para as seguintes intenções... Por Cristo nosso Senhor. Amém.

Rezar, meditando nas palavras

1 pai-nosso;
10 ave-marias;
1 glória ao pai.

Nono dia

Tema:
Silêncio

São Bento ensinou seus monges a observarem o silêncio nos lugares e tempos estabelecidos, como forma de um encontro autêntico com Deus e consigo mesmos. Hoje vivemos em um mundo muito agitado, são inúmeras informações que vêm e vão com grande rapidez. Quase não dedicamos tempo ao recolhimento. Desse modo, neste momento, enquanto fazemos esta novena, pode ser uma ocasião oportuna para nos recolhermos e falarmos com Deus no silêncio da nossa vida. Perceberemos então que o silêncio é muito eloquente.

Oração

Ó Deus, que fizestes o abade São Bento notável mestre na escola do vosso serviço, concedei que, nada preferindo ao vosso amor, corramos de coração aberto no caminho dos vossos mandamentos. Nós vos suplicamos, ó Deus, que, seguindo os ensinamentos desse admirável santo, vos sirvamos fielmente na oração e amemos os irmãos com caridade ardente.

E confiantes na comunhão dos santos, recorremos à formidável intercessão de São Bento para as seguintes intenções... Por Cristo nosso Senhor. Amém.

Rezar, meditando nas palavras

1 pai-nosso;
10 ave-marias;
1 glória ao pai.

Oração da medalha de São Bento

A Cruz Sagrada seja a minha luz,
não seja o dragão meu guia.

Retira-te, satanás!

Nunca me aconselhes coisas vãs.

É mau o que tu me ofereces,
bebe tu mesmo o teu veneno!

Explicação dos caracteres da Medalha de São Bento

A Medalha de São Bento é bastante significativa, muitos a utilizam como forma de proteção das ciladas do inimigo. Isso é uma coisa boa e justa, porém não pode ser considerada um amuleto, pois nossa confiança está em Deus, e na intercessão dos seus santos, e não nos objetos. Esses são apenas instrumentos pelos quais somos recordados de que a Deus nada é impossível.

Para melhor conhecer essa medalha, apresentamos a seguir o significado das inscrições nela impressas:

Na frente da medalha, são apresentadas uma cruz e, entre seus braços, estão gravadas as letras C S P B, cujo significado é, do latim

– *Cruz Sancti Patris Benedicti* (Cruz do Santo Pai Bento).

Na haste vertical da cruz, leem-se as iniciais C S S M L – *Crux Sacra Sit Mihi Lux* (A cruz sagrada seja minha luz).

Na haste horizontal, leem-se as iniciais N D S M D – *Non Draco Sit Mihi Dux* (Não seja o dragão meu guia).

No alto da cruz, está gravada a palavra PAX (Paz), que é o lema da Ordem de São Bento. Às vezes, *PAX* é substituído pelo monograma de Cristo: I H S.

À partir da direita de *PAX*, estão as iniciais V R S N S M V – *Vade Retro Sátana Nunquam Suade Mihi Vana* (Retira-te, satanás, nunca me aconselhes coisas vãs!) e S M Q L I V B – *Sunt Mala Quae Libas Ipse Venena Bibas* (É mau o que me ofereces, bebe tu mesmo o teu veneno!).

Nas costas da medalha, está São Bento segurando na mão esquerda o livro da Regra que escreveu para os monges e, na outra mão, a cruz. Ao redor do Santo, lê-se a seguinte jaculatória ou prece *EIUS IN OBITU NRO*

PRAESENTIA MUNIAMUR (Sejamos confortados pela presença de São Bento na hora de nossa morte).

É representada também a imagem de um cálice do qual sai uma serpente e um corvo com um pedaço de pão no bico, lembrando as duas tentativas de envenenamento, das quais São Bento saiu, milagrosamente, ileso.